AF348169

ARREST
DE LA COVR
DES MONNOYES.

Portant defenses à tous Marchands &
Artisans de fabriquer & exposer en
vente aucuns Ouurages de cuiure
blanchy, qu'ils ne soient marquez &
contremarquez des poinçons grauez
pour cet effet, sur les peines y contenuës.

A PARIS,

Chez SEBASTIEN CRAMOISY Imprimeur
ordinaire du Roy, de la Reyne Regente,
& de la Cour des Monnoyes.

M. DC. L.

Auec Priuilege de sa Maiesté.

EXTRAIT

DES REGISTRES

de la Cour des Monnoyes.

VEV par la Cour la Requeste à elle ce iourd'huy presentée par Pierre Griueau Marchand Fondeur & Boſſettier ordinaire de la Reyne, & Maiſtre Fondeur en terre & ſable, & Boſſettier en cette ville de Paris, narratiue qu'il auroit appris que pour euiter à certains abus qui ſe ſeroient gliſſez en la vente de quelques ouurages de Laton ar-

A ij

genté & blanchy que l'on auroit fait paſſer pour argent : ce
que toutefois ne peut eſtre ar-
riué que par le moyen de cer-
taines perſonnes qui s'ingerent
de faire & vendre deſdits ouurages, ſans eſtre Maiſtres, & non
d'aucun des Maiſtres dudit me-
ſtier, LADITE COVR auroit
fait defenſes à peine de confiſ-
cation & d'amende d'en vendre
qu'auparauant ils n'euſſent eſté
marquez du poinçon particulier de chaque Maiſtre, contremarquez d'vn poinçon com-
mun ſur lequel ſeroit graué le
mot de *Faux*. Lequel mot at-
tendu qu'il ſemble porter auec
ſoy quelque note d'infamie ſeroit beaucoup preiudiciable à la

vente defdits ouurages , s'il e-
ftoit mis fur ledit poinçon , &
contraire à l'intention de ladite
Cour , qui n'a eu autre deffein
en apportant ladite precaution,
que d'empefcher la furprife en
la vente defdits ouurages , &
non point le debit : A quoy de-
firant obeyr requeroit ledit Griueau qu'il pleuft à ladite Cour,
en interpretant fon Arreft du
neufuiefme Iuillet , ordonner
qu'au lieu du mot de *Faux* , fe-
roient grauez fur ledit poinçon
commun ces mots , *Laton ar-*
genté, enfemble la lettre A, pour
diftinguer le poinçon de Paris ,
& eftre ledit poinçon appliqué
fur lefdits ouurages ainfi qu'il
eft porté par ledit Arreft, aprés

A iij

qu'ils auroient esté marquez du poinçon particulier du Maistre qui les aura faits : lequel poinçon commun sera mis entre les mains des Iurez dudit mestier, ou de tel autre des Maistres qu'il plaira à la Cour. Et qu'en attendant que lesdits Iurez ayent obey audit Arrest, de rembourser ledit Griueau des frais qu'il luy aura conuenu faire pour cét effect, il sera deposé és mains dudit Griueau. Et que tant ledit poinçon commun que le poinçon particulier de chaque Maistre seront frappez suiuant les statuts de leur mestier sur vne table de cuiure qui sera mise au Greffe de ladite Cour, pour y auoir recours quand besoin

fera. VEV ledit Arreſt du néuf-
uieſme Iuillet, Concluſions du
Procureur general, oüy le rap-
port du Conſeiller à ce commis,
Tout conſideré : LA COVR
ayant eſgard à ladite Requeſte,
a ordonné & ordonne qu'au lieu
du mot de *Faux*, feront grauez
ſur ledit poinçon commun ces
mots, *Laton argenté*, & que la
lettre A, ſera auſſi grauée en
quelque lieu commode d'ice-
luy, ſans qu'il puiſſe eſtre taillé
dans ledit poinçon qui ſera fait
par le Tailleur particulier de la
Monnoye de Paris, ſans aucune
couronne ny fleur de lys. Et
que ledit poinçon ſera depoſé
és mains dudit Griueau pour en
contremarquer les ouurages de

Laton argenté & blanchy feu-
lement qui feront faits par les
Maiftres dudit meftier, & de-
meurer en fes mains iufques à
ce que les Iurez dudit meftier
ayent obey à l'Arreft dudit iour
neufuiefme Iuillet dernier, rem-
bourfé ledit Griueau de fes frais,
& qu'autrement par la Cour en
ait efté ordonné. ENIOINT
ladite Cour aufdits Maiftres de
marquer de leurs poinçons par-
ticuliers les ouurages de Laton
argenté & blanchy qu'ils feront, & les faire contremarquer
par ledit Griueau dudit poinçon commun : Auec deffenfes
d'en vendre qu'ils ne foient marquez & contremarquez, fur les
peines contenuës audit Arreft.

ОR-

ORDONNE ladite Cour qu'il
fera mis au Greffe d'icelle vne
table de cuiure fur laquelle lefdits Maiſtres viendront infcul-
per leurfdits poinçons , comme
auſſi y fera frappé ledit poinçon
commun pour y auoir recours
quand befoin fera. FAIT defen-
fes à tous Compagnons , Ap-
prentifs & tous autres de tra-
uailler en chambre ou lieux pri-
uilegiez , fous telles peines que
de raifon : leur enioint de fe re-
tirer chez les Maiſtres , & aux
Iurez de faire leurs vifites à iours
& heures non preuenus, & dref-
fer procés verbaux des contra-
uentions aux Ordonnances &
Arreſts. Al'effet dequoy fera le
prefent Arreſt affiché aux lieux

B

accouſtumez de cette Ville &
Faux-bourgs de Paris. FAIT en
la Cour des Monnoyes le dix-
ſeptieſme de Nouembre mil ſix
cens cinquante. Signé par col-
lation. DELAISTRE.

*L'Arreſt de la Cour des Mon-
noyes cy-deſſus a eſté par moy Iu-
ré Crieur ordinaire du Roy ſoub-
ſigné leu publié à ſon de Trompe
& cry public és carrefours ordi-
naires & extraordinaires de cette Ville & Faux-bourgs de Paris, à ce qu'aucun n'en pretende
cauſe d'ignorance, le
Decembre mil ſix cens cinquante,
accompagné de trois Trompettes,
de Maiſtre Iean Gerin premier*

*Huißier de ladite Cour & des
deux autres Huißiers d'icelle.*

Signé, IOSSIER.

A La Requeste de Pierre Griueau
deſſus nommé, & de Monſieur
le Procureur general de la Cour, l'Arreſt de ladite Cour, dont copie eſt
cy-deſſus tranſcrite, a eſté par moy
Huiſſier
ſoubs-ſigné monſtré, ſignifié &
baillé la preſente copie à
                              parlant pour
luy à
en ſon domicile, le
iour de    mil ſix
cens cinquante.

www.ingramcontent.com/pod-product-compliance
Lightning Source LLC
LaVergne TN
LVHW010841180726
843502LV00009B/3688